AF208120

DÍAS SON LAS NOCHES QUE TE SUEÑO

WILLIAM SHAKESPEARE (1564-1616), el mayor dramaturgo
de todos los tiempos, fue también un extraordinario poeta,
y como tal ya habría pasado a la posteridad. La fluidez que
mostró enlazando versos sobre el escenario encuentra su
vertiente más íntima en la lírica. Las cuestiones inherentes
a la condición humana son perfiladas por un Shakespeare que,
sin ocultarse detrás de personajes ficcionales, descubre sus más
profundas inquietudes sobre el amor, la muerte, la pervivencia
y el inexorable paso del tiempo. Los sonetos aquí seleccionados
respetan el verso original y suponen un festín para los amantes
de las buenas letras.

DÍAS SON LAS NOCHES QUE TE SUEÑO

WILLIAM SHAKESPEARE

Traducción de Andrés Ehrenhaus
Selección de Albert Mauri

Cuando un asedio de cuarenta inviernos
te surque el bello prado de trincheras,
tu atuendo, que ahora es ostentoso y nuevo,
será un guiñapo que ya no interesa.
Y cuando te pregunten dónde yace
el esplendor de tus lozanos años,
no digas que en tus ojos espectrales,
pues sonará a artificio o a descaro.
Darás más digno empleo a tu apostura
si puedes contestar: «Este hijo mío
redime mi vejez, cuadra mi suma;
mi patrimonio está en su parecido».
    Llegada la vejez, su joven vida
    calentará tu sangre que se enfría.

III

Contémplate al espejo y di a tu rostro
que ya se reproduzca sin demora;
si no renuevas tu frescura en otro
al mundo y a una madre desazonas.
Pues ¿qué doncella habrá tan altanera
para vedar su huerto a tu simiente?
¿Y quién tan vanidoso que prefiera
privarnos de belleza con su muerte?
Tú eres la viva imagen de tu madre
y ella ve en ti el frescor de sus abriles;
también tú en tu vejez podrás mirarte
y ver la edad de oro que ahora vives.
    Mas si prefieres que no te recuerden,
    no engendres y tu imagen con ti muere.

VI

No dejes, pues, que el tosco invierno borre,
si no te has destilado, tu verano:
endulza una vasija; busca dónde
incrementar tu erario y no enterrarlo.
Ese uso no es usura mal mirada
pues llena de alborozo a quienes paguen
y a ti te beneficia de la crianza
de uno igual a ti, o diez si cabe.
Serás diez veces más feliz que ahora
al verte reflejado en otros diez;
la muerte no podrá con tu persona
pues si ellos viven, vives tú también.
    Mas no disfrutes solo tu legado
    o heredarán tu encanto los gusanos.

VIII

Si tú eres música, ¿te apena oírla?
Si el dulce es dulce y es gozoso el gozo,
¿por qué amas lo que tomas con inquina
y tomas con placer lo ignominioso?
Si no te es grato oír el maridaje
de notas que armonizan y se suman
es porque te regañan con voz suave:
no es solo para ti esta partitura.
Las cuerdas, como sabes, se disponen
por melodiosos pares y al pulsarlas,
al tiempo que nos cantan un acorde,
parecen padre, hijo y madre amada.
    Y su canción, sin letra y con donaire,
    te canta: «Tú, solista, no eres nadie».

X

A nadie quieres: no quieras negarlo,
pues ni siquiera cuidas de ti mismo.
Sin duda te aman muchos, sin embargo,
ninguno ha sido ni es correspondido.
El odio criminal que llevas dentro
te incita a conspirar contra tu casa
y a hacerte derribar su noble techo
cuando lo noble es ver que se repara.
Depón tu empeño y yo, mi incertidumbre:
¿prohíjas más al odio que al amor?
Sé, como tu presencia, amable y dulce
o tente, cuando menos, compasión.
    Haz, por nosotros, otro igual; es justo
    que la belleza viva en ti o lo tuyo.

XI

Al tiempo que tú menguas crecerás
en uno de los tuyos, al que dejas;
la savia que, de joven, sepas dar
será tu propiedad cuando envejezcas.
En ello hay sensatez, belleza, aumento;
sin ello, necedad, vejez, estrago:
pensando como tú, cesará el tiempo
y el mundo durará sesenta años.
Que aquellos que natura desatiende,
los bastos, fieros, zafios, se supriman;
en cambio, el más dotado más obtiene:
compártelo con creces mientras vivas.
    Natura te talló como su emblema;
    imprime más, no dejes que se muera.

XIII

¡Si fueras tú tu yo! Pero, ay, amor,
tú solo serás tuyo mientras vivas;
disponte a abandonar esta ilusión
y lega en otro tus facciones finas.
Así conseguirás que no termine
esta belleza que detentas, puesto
que cuando el dulce vástago te imite
serás de nuevo tú, aunque hayas muerto.
Tan digna residencia no merece
que un mal tutor la deje abandonada
a expensas del invierno y sus corrientes
y el frío eterno de la muerte vacua.
   No despilfarres, pues, amor, y dale
   a tu hijo lo que tú tuviste: un padre.

XVIII

¿Por qué igualarte a un día de verano
si tú eres más hermoso y apacible?
El viento azota los capullos mayos
y el término estival no tarda en irse;
si a veces arde el óculo solar,
más veces su dorada faz se nubla
y es norma que, por obra natural
o del azar, lo bello al fin sucumba.
Mas no se nublará tu estío eterno
ni perderá la gracia que posee,
ni te tendrá la muerte por trofeo
si eternas son las líneas donde creces.
    Habiendo quien respire y pueda ver,
    todo esto sigue vivo y tú también.

XXII

No logrará mi espejo avejentarme
si tú y la juventud vais de la mano;
mas cuando el tiempo a ti también te marque
sabré que el tiempo a mí ya me ha alcanzado.
Pues toda esa belleza que te viste
es el ropaje de mi corazón:
si él vive en ti como en mi pecho vives,
¿por qué iba a ser más viejo yo que vos?
Es esta la razón por la que ruego
que cuides de ti, amor, como yo cuido
tu dulce corazón que yo, en mi pecho,
atiendo de los males como a un niño.
   Me diste el corazón: si lo reclamas
   acabas con el mío y aún te ufanas.

XXV

Que los favorecidos por los astros
se jacten de sus títulos y honores,
en tanto yo, privado de esos fastos,
disfruto por ventura de otros dones.
Caléndulas que al ojo del sol se abren,
los favoritos de los poderosos
se tragan el orgullo cuando caen
pues su favor depende de un antojo.
Si el célebre campeón de mil batallas
sufriera una vez sola una derrota,
lo harían borrar del libro de la fama
y olvidarían su gesta sin demora.
    Me alegro, pues, de amar y ser amado
sin miedo de ser víctima o tirano.

XXXI

Tu pecho acoge aquellos corazones
que, al darlos por perdidos, di por muertos,
y en él reina el amor, sus partes nobles,
y todo amigo que enterré en el tiempo.
Más de una lágrima gentil y casta
robó a mis ojos el amor sincero
a cuenta de interés por los que faltan,
¡que están, pero escondidos en tu pecho!
En ti vive el amor sepulto, junto
a antiguos galardones de mis lances,
y lo que fue de muchos ahora es tuyo
pues te han hecho legado de sus partes.
    Hoy veo en ti sus adorados rostros:
    todos son tú y de mí lo tienes todo.

XXXIV

¿Por qué me prometiste un bello día,
haciendo que avanzara sin capote,
si luego torvas nubes se avecinan
y envuelven tu bravura en sus vapores?
No basta con que irrumpas entre nubes
para enjugar la lluvia de mi cara,
pues nadie quiere un bálsamo que cure
la herida y no repare la desgracia;
ni es buena medicina tu vergüenza
ni dejo de perder si te arrepientes,
pues el pesar de quien causó la ofensa
no carga con la cruz del que se ofende.
    Mas, ay, amor, las perlas de tu llanto
    sí pueden subsanar tus malos actos.

XLI

Tu juventud y tu belleza explican
que al ausentarme de tu corazón
la libertad te induzca a la malicia
pues donde vayas, va la tentación.
Y es que tu gracia te hace apetecible
y tu apostura invita a conquistarte;
¿y qué hijo de mujer se le resiste
a un guiño de mujer sin dar combate?
No vuelvas, ay de mí, a usar mi asiento
y aplaca esa belleza descarriada
que te hunde en el escándalo, sabiendo
que acabarás rompiendo dos palabras:
    la de ella, que sucumbe a tu belleza;
    y la de tu belleza traicionera.

XLII

No duele tanto que la hicieras tuya,
si bien es cierto que la quise mucho;
la pérdida es más íntima y aguda
sabiendo que además tú fuiste suyo.
Así os excusaré, falsos amantes:
la amaste solo porque yo la amaba
y ella porque me amaba dio su parte,
buscando que, al tenerte, la aprobara.
Si yo te pierdo a ti, te gana ella,
y si la pierdo a ella, ganas tú;
y cuando os encontréis, seré el que pierda
y cargue, por mi bien, con vuestra cruz.
    Mas yo y mi amigo somos uno; así,
    aunque ella lo ame, me está amando a mí.

XLIII

Mis ojos ven mejor si están cerrados,
así no se distraen con simplezas;
mas al dormir, te ven en sueños claros
y brillan en lo oscuro como estelas.
Y tú, sombra que alumbras a otras sombras,
si a ojos que no ven reluces tanto,
¿podrá lucir aún más tu dulce forma
en plena claridad y a pleno campo?
Pues si en la noche inerte tus borrosos
contornos engalanan mi pupila,
¿podrán embelesarse más mis ojos
al verte a la luz viva de los días?
    El día es noche cuando no te veo
    y días son las noches que te sueño.

XLIV

Si en vez de carne yo estuviera hecho
de grácil pensamiento, volaría
allí donde estuvieras al momento
sin que la lejanía me lo impida.
No importaría nada que plantara
mi pie en lo más remoto de la Tierra
pues salta el pensamiento tierra y agua
con solo imaginar cuál es su meta.
Es cruel no ser, ay, solo pensamiento
y devorar las leguas hasta hallarte,
mas de agua y tierra soy también, y debo
ir con mi ruego al tiempo y resignarme.
    Tan lentos elementos solo ofrendan
        las lágrimas que sellan nuestra ausencia.

LII

Yo vengo a ser el rico cuya llave
bendita abre el cerrojo del tesoro,
mas no entra a revisarlo a cada instante
pues el placer casual es menos corto.
Por eso los festejos se reparten
en lo que va de un año, como piedras
preciosas cuanto más ocasionales
igual que en un collar cuentan las gemas.
Así, también, el tiempo que te guarda
como en un guardarropas y te esconde
desplegará su joya encadenada
apenas en benditas ocasiones.
    Bendito tú, que triunfa quien te tuvo
    y espera su ocasión el que no pudo.

LIII

¿De qué estás hecho tú, de qué sustancia,
que puedes conformar mil y una sombras?
Cada uno es de una forma que no cambia;
en cambio tú eres de una y de mil formas.
Al describir a Adonis, su retrato
será una pobre copia de tu imagen;
si a Helena y sus mejillas esbozamos,
a ti de joven griego hay que pintarte.
Hablemos de cosecha y primavera:
la una recompensa tu derroche,
la otra plasma el don de tu belleza
y en toda forma se te reconoce.
    Si en toda gracia externa tienes parte,
    no hay una con tu corazón constante.

LVII

¿Qué hacer, si soy tu esclavo, que no sea
cumplir con tu deseo a todas horas?
Mi tiempo no es precioso ni me queda
más dicha que servir lo que dispongas.
Pendiente del reloj por ti, monarca,
ni le reprocho al tiempo que sea eterno
ni pienso en que la ausencia será amarga
el día que despidas a tu siervo,
ni dejo que mis celos se hagan cargo
de dónde estás y en cuál de tus asuntos.
No pienso, triste esclavo, en nada salvo
que, donde estés, harás feliz a muchos.

    Qué ingenuo es el amor, que no se ofende
    aunque hagas lo que quieras cuando quieres.

LIX

Si nada es nuevo y todo cuanto hay
ya había sido antes, nos preñamos
de engaño por parir una vez más
a un niño ya nacido en el pasado.
Habría que buscar en los registros
de cinco veces cien años solares
hasta encontrar tu imagen en un libro,
pues todo se apuntaba en los anales,
y así saber qué piensan los remotos
del marco portentoso de tu cuerpo:
si son mejores ellos o nosotros
o todo ha regresado con el tiempo.
  Seguro que el ingenio del ayer
  untó modelos peores con su miel.

LXI

¿Qué quieres, que mis párpados pesados
acechen en la noche fatigosa?
¿Que viva sin soñar, buscando en vano
vestigios de tu imagen en las sombras?
¿O acaso enviaste a tu alma a que observara
mis actos, donde vaya, por si viese
indicios de perfidias o de holganza?
¿Tan fuertes son los celos que me tienes?
¡Qué va! Tu amor, que es mucho, no es tan grande:
mi amor es el que me mantiene en vilo,
mi amor, que ha de impedirme que descanse
pues él es quien vigila tu camino.
   Yo a ti te observo mientras tú despiertas
    lejos de mí, mas de otros, ay, muy cerca.

LXIII

A cuenta de que sufra como yo
la acción demoledora y ruin del tiempo
y que las horas sangren su expresión,
sembrándola de arrugas, o que el tierno
albor de su mañana se haga noche
abrupta y las bellezas que hoy gobierna
ya se hayan disipado o se evaporen,
quitándole a mi amor su primavera;
a cuenta de ese día me aseguro
de que el cuchillo cruel de la vejez
no corte del recuerdo de este mundo
la vida y la belleza de mi bien.
   En estas líneas vive su beldad,
   que, si ellas viven, reverdecerá.

LXVI

Que venga ya la muerte: estoy cansado
de ver hecho un mendigo al que más vale,
y que el don nadie vista con boato,
y al cándido lo engañe el miserable,
y que el honor recaiga en el indigno,
y que el perfecto sufra la desdicha,
y la doncella se hunda en el ludibrio,
y al fuerte lo invaliden las intrigas,
y que la autoridad censure el arte,
y la locura cure lo sensato,
y tachen de simpleza a las verdades,
y viva el bien cautivo de lo malo.
    Mas en la muerte no hallaré reposo
    si, muerto yo, mi amor se queda solo.

LXXI

No quiero que, si muero, te conduelas
después de que el tañido destemplado
anuncie al mundo que cambié la brega
del mundo vil por la de los gusanos.
No, ni recuerdes, si oyes este verso,
qué mano lo forjó: mi amor es tal
que pido que me olvides en tus sueños
si, por pensar en mí, te haré penar.
Y si, ay de mí, lo lees cuando forme
un todo con el barro, te suplico
que evites pronunciar mi pobre nombre
y dejes que tu amor muera conmigo:
    no vaya a ser que el mundo, si me lloras,
    te hiera por mi culpa con su sorna.

LXXII

Olvídame, no vaya a ser que el mundo
te pida que recites lo que en vida
mostré de bueno para que, difunto,
me quieras aún, pues nada encontrarías,
a menos que repares mis carencias
y, a fuerza de mentir virtuosamente,
me otorgues los halagos que me niega
la cruda realidad hasta en la muerte.
Mi nombre ha de yacer junto a mi cuerpo
en vez de seguir vivo y mancillarnos,
no vaya a ser que al fin tu amor sincero,
si ha de mentir por mí, parezca falso.
    Mi oprobio es lo que pongo por delante;
    el tuyo, amar aquello que no vale.

LXXIII

En mí tú ves esa época del año
en que las ramas trémulas, desnudas,
no albergan coros de aves con sus cantos
sino tres hojas secas, dos, ninguna.
En mí ves el crepúsculo del día
que, cuando el sol se apaga en el poniente,
se sume en el descanso a que lo invita
la negra noche, hermana de la muerte.
Y ves que aún arde un poco de ese fuego
en las cenizas del pasado, lumbre
que acabará expirando en ese lecho
pues lo que la avivaba la consume.
    Que entiendas esto es lo que te dará
    la fuerza para amar lo que se va.

LXXIV

Mas no te abatas cuando al fin el cruel
arresto inapelable me reclame,
pues si algo hubo en mi vida de interés
te ayudará esta línea a recordarme.
Y cuando la repases, busca en ella
la parte que te ha sido consagrada:
la tierra que se quede con la tierra
y tú, con lo mejor de mí, con mi alma.
Tú sólo habrás perdido mi cadáver,
el poso, lo que apuran los gusanos,
la vil conquista de un cuchillo infame,
indigno de que debas recordarlo.
    Lo bueno de eso es eso que contiene,
    que es esto, y que contigo permanece.

LXXVI

¿Por qué carecerá mi verso tanto
de cambios, variaciones, novedades?
¿Cómo es que, con el tiempo, no me lanzo
a practicar con métodos flamantes?
¿Por qué son ropa vieja mis creaciones
y es tan común mi estilo que parece
que todas las palabras dan mi nombre
y enseñan el lugar de donde vienen?
Oh, dulce amor, te escribo siempre a ti
y tú y mi amor sois mi único argumento,
y gasto lo gastado, así, sin fin,
para vestir lo viejo con lo nuevo:
    si el sol es nuevo y viejo cada día,
        también mi amor. Da igual cómo lo diga.

LXXX

Ay, cómo dudo cuando de ti escribo
sabiendo que otro espíritu te alaba
mejor que yo y con tan potente estilo
que es como si con él me amordazara.
Mas como tu caudal, que es noble y ancho,
se deja atravesar por toda vela,
también mi basto y pertinaz balandro,
menor que el suyo, surca tu grandeza.
Si yo con tu somera ayuda floto,
él sabe hollar tu piélago profundo;
o soy un barco náufrago, sin fondo,
y él, uno levantado con orgullo.
    Lo peor de que yo encalle y él prosiga
    es que mi propio amor sea mi ruina.

LXXXI

O vivo para hacerte el epitafio
o vives tú y se pudrirá mi carne.
Si mueres, tu recuerdo estará a salvo;
de mí habrán olvidado cada parte.
Tendrá tu nombre vida para siempre
y a mí no habrá en el mundo quien me llore;
la tierra me reserva un hoyo inerte:
tú yaces en los ojos de los hombres.
Mi verso fiel será tu monumento,
lectura de los ojos que aún no existen;
y cuando estén, los que hoy suspiran, muertos
no faltarán las lenguas que te imiten.
    Tú vivirás —mi pluma es garantía—
      en tanto haya una boca que respira.

LXXXII

Tú nunca te casaste con mi musa;
eres, por tanto, libre de fijarte
en las dedicatorias cuya hechura
bendice cada libro de otros vates.
Tan grandes son tu encanto y tu saber
que su valor excede mis lisonjas;
si el tiempo te mejora, busca quien
sepa estampar mejor esas mejoras.
Haz eso, amor; pero cuando combinen
con trazos afectados sus ornatos
verás que quien de veras te describe
es sencillo y veraz: tu amigo honrado.
    Las burdas pinceladas tienen uso
    en rostros macilentos, no en el tuyo.

LXXXVII

¡Adiós! Tú sabes bien que lo que vales
es más de lo que puedo permitirme;
tu cédula te otorga libertades:
según nuestros contratos eres libre.
Pues ¿cómo conservarte sin tu venia?
¿Acaso me merezco tu riqueza?
Sin más aval que el ansia que me alienta,
entiendo que caduque mi licencia.
Tú te entregaste sin haber tasado
ni tu valor ni el mío, que es escaso;
tu don, tras el error, es aún más caro
y vuelve a ti, que puedes sopesarlo.
   Te tuve así como se tiene un sueño:
   te sueñas rey y te despiertas yermo.

LXXXVIII

El día en que decidas denostarme
y expongas mis virtudes al escarnio,
litigaré en mi contra y, por salvarte,
diré que eres virtuoso aunque seas falso.
Habiendo convenido mis flaquezas,
inventaré una historia que silencie
cualquier agravio que me produjeras;
tú ganarás más gloria así, al perderme,
y yo también saldré ganando de ello:
al invertir en ti mis emociones,
si tú de cada ofensa que me infiero
te llevas algo, yo me llevo el doble.
    Tal es mi amor y tal mi lealtad:
      si es por tu bien, asumo todo el mal.

LXXXIX

Si dices que me dejas por mis faltas,
no intentaré esconderlas: al contrario;
si mientas mi cojera, no haré nada
por defenderme y andaré renqueando.
Amor, tú a mí no me desgraciarías
ni la mitad que yo, si me cambiases;
enséñame tu anhelo y yo enseguida
seré como un extraño si te place,
no volveré a cruzarme en tu camino
ni a deleitar mi lengua con tu nombre,
no fuera que, tan solo con decirlo,
pudieran inferir que me conoces.
    Por ti, yo iré en mi contra sin piedad
    tan solo por no amar al que has de odiar.

XCI

Están quienes presumen de su alcurnia
y quienes de sus bienes, maña o fuerza,
de vestir –mal– lo último que se usa,
del perro, del halcón o de la yegua.
A cada humor le atañe una afición
que solo satisface a quien la siente;
yo en cambio sé que tengo la mejor
pues todas, a su lado, empequeñecen.
Tu amor es más valioso que el linaje,
más rico que vestidos y valores,
más caro que caballos o rapaces;
tenerte me destaca de otros hombres.
    Mas, mísero de mí: si tú te fueras
    del lujo pasaría a la miseria.

XCIV

Aquellos que, pudiendo herir, no hieren
ni hacen tampoco lo que más enseñan,
y permanecen, aun cuando conmueven,
tan fríos e insensibles como piedras,
son justos herederos de las gracias
del cielo, que administran con mesura;
son dueños y señores de sus caras:
el resto, como mucho, los ayuda.
La flor de estío luce en el verano,
florece y se marchita por su cuenta;
mas basta que la infecte algún hierbajo
para que se resienta su nobleza:
    actuando mal se amarga lo más dulce;
    no hay peor olor que el lirio que se pudre.

XCVI

Te tildan de ser joven, descarriado,
o por ser joven y vital te adulan,
y todos –ricos, pobres– te aman algo:
tus vicios son tus gracias, y las usas.
Así como en el dedo de una reina
la joya más vulgar parece cara,
tus faltas se traducen en certezas
y todos las encuentran atinadas.
¿A cuántos corderitos sangraría
el lobo que en cordero se traduce?
¿A cuántos llevarías tú a la ruina
si usaras todo el nervio de tu empuje?
    No lo hagas, pues mi amor es tan enorme
    que, si eres mío, mío es tu renombre.

XCVII

¡Qué invierno fue no estar junto a tu lado,
placer fugaz del año fulminante!
¡Qué fríos padecí, qué días magros!
¡Diciembre y su escasez en todas partes!
Todo ello fue en verano, y a las puertas
del pingüe otoño, que en su vientre orondo
portaba ya la mies de primavera
como una viuda encinta sin su esposo.
Quimeras, orfandad, frutos perdidos
es cuanto yo veía en la abundancia,
pues tienes al verano a tu servicio
y si no estás, los pájaros no cantan
    o trinan, al cantar, tan tristemente
    que, trémulas, las hojas palidecen.

CII

Mi amor no mengua aunque parezca magro
ni aunque lo muestre poco te amo menos:
ir pregonando a voces sus encantos
expone al propio amor al mercadeo.
Ya cuando en nuestro amor fue primavera
lo festejé con versos y romanzas,
igual que canta en mayo Filomela,
que cierra el pico cuando hay abundancia.
Y aunque el verano no es menos sabroso
ahora, sin sus salmos nocturnales,
se suman en las ramas tantos coros
que el dulce repetido ya no place.
    Por eso suelo hacer callar mi voz:
    no quiero que te hastíe mi canción.

CV

Mi amor no ha de llamarse idolatría
ni es ídolo mi amado si mis himnos
y todas mis canciones se originan
en uno, solo en uno y siempre el mismo.
Tan bueno es hoy mi amor como mañana
y tal es su excelencia que es constante;
por eso, si me ciño a la constancia,
me expreso sobre un todo, no su parte.
«Hermoso, bueno, honesto» es mi argumento;
«hermoso, bueno, honesto» o cosa igual;
en esas variaciones me entretengo,
fundiendo tres en uno sin parar.
    Hermoso, bueno, honesto: salvo en ti,
    se han dado separados, nunca así.

CVI

Si me tropiezo en crónicas de antaño
con descripciones de criaturas bellas,
con rimas que lo bello ha mejorado
de hidalgos lánguidos y damas muertas,
en el blasón de la belleza antigua,
en manos, pies, en labios, ojos, frente,
descubro que esas plumas bien podrían
cantarle a la belleza que posees.
Por tanto, sus elogios son augurios
de nuestro tiempo y aunque prefiguran
tu aspecto y te hayan visto en el futuro,
se quedan cortos ante tu valúa.
   Y ahora que podemos admirarte
     nos faltan buenas lenguas que te canten.

CIX

No digas nunca que te he sido indigno
ni que la ausencia mitigó mi fuego
pues antes me separo de mí mismo
y no de mi alma, que vive en tu pecho.
Es mi redil de amor: si he dado tumbos,
como el que viaja, siempre vuelvo a casa;
y vuelvo a tiempo, y en el tiempo justo,
con agua para reparar mi mancha.
No vayas a creer que, si me vencen
las sólitas flaquezas de la sangre,
me dejaré manchar tan tontamente
para perder por nada lo que vales;
    pues nada es lo que suma el universo
    y en él, mi rosa, tú eres todo el resto.

CX

Pues, sí, es verdad, he estado aquí y allá
y fui un bufón en muchas ocasiones,
me traicioné, vendí barato y mal
mi bien, y eché a perder nuevos amores.
A la verdad, es cierto, le presté
poca atención; pero, válgame el cielo,
ir y venir me hizo reverdecer,
y errar, ver que tu amor era el más bueno.
Eso acabó pero esto no se acaba:
no volveré a aguzar mis apetitos
ni someter a prueba en nuevas catas
el imperioso amor de un viejo amigo.
    Tú que eres mi paraíso, dame amparo
    en tu pecho tan puro y tan amado.

CXV

Los versos que antes escribí mentían,
incluso cuando dije que no puedo
quererte más; entonces no sabía
qué enhiesta iba a crecer mi llama luego.
El tiempo es implacable y sus mil trances
alteran los decretos y promesas,
mancillan la belleza, turban planes
y apartan al juicioso de su senda.
Ah, ¿cómo no decir entonces: «te amo
hoy más que nunca», cuando solo estaba
seguro de que el tiempo es un tirano
y que el presente es todo; el resto, nada?
    Amor es un infante y no ha crecido;
    ¿no crecerá mejor si no lo digo?

CXVI

No admito que se impida el matrimonio
sincero entre dos almas. No es amor
el que ante la mudanza muda el modo
o marcha con aquel que se marchó.
Amor es como un faro impenitente
que arrostra las tormentas sin bandearse;
lucero de las barcas que se pierden,
ignoto a la razón, no a los compases.
Por más que hienda labios y mejillas
con su guadaña, no es bufón del tiempo,
ni muda con el paso de los días
ni cesa hasta las lindes de lo eterno.
    Si no es así y estoy errado, entonces
    ni yo escribí ni amó jamás un hombre.

CXVII

Acúsame nomás de ser mezquino
y no pagar tus gracias con holgura,
de no atender tu amor como es debido,
por más vínculos diarios que nos unan;
de frecuentar a espíritus ajenos
y malgastar lo tuyo sin medida,
de izar la vela al son de cualquier viento
que me transporte lejos de tu vista.
Registra mis porfías y mis faltas,
basado en ellas ábreme sumario,
y apúntame con una mueca amarga
mas sin mojar en odio tus disparos.
    Pues ¿cuál ha sido siempre mi intención?
    Probar la fe y constancia de tu amor.

CXX

Si ahora me conviene que me hieras
es porque ese dolor que tuve dentro
me obliga a reprocharme mis bajezas:
mis nervios, ya lo ves, no son de acero.
Pues si mi felonía te hizo daño
igual que a mí la tuya, habrás vivido
un infernal suplicio y yo, tirano,
no me paré a pensar en mi martirio.
¡Ay, nuestra noche triste no logró
hacerme recordar cuánto se sufre
y compartir contigo el simple alcohol
que friegue las heridas que nos unen!
    Por suerte tu pecado es una fianza
    y el uno con el otro al fin se saldan.

CXXIII

No, tiempo, no te jactes de que cambio:
sé bien que las pirámides que alzaste
son meras construcciones del pasado
que tú disfrazas como novedades.
Tan breve es nuestro tránsito que aquello
que pasa por antiguo nos admira;
nos place más colmar nuestro deseo
que recordar que es cosa conocida.
Te desafío a ti y a tus archivos:
recelo del pasado y del presente
pues corres a tal ritmo enloquecido
que tu visión y lo que vemos mienten.
	Ni tu hoz ni tú, lo juro, impedirán
	que siga siendo fiel a la verdad.

Oh niño de mi vida, que retrasas
las horas, el espejo, la guadaña,
y en tanto tú floreces, por contraste,
parecen marchitarse tus amantes.
Natura, que se impone sobre el tiempo,
permite que no sufras sus efectos
pues, mientras te retiene, ella aniquila
los lóbregos minutos y la ruina.
¡Mas témela, juguete de su gozo!
Por mucho que retenga su tesoro
    también natura paga lo que debe
    y el saldo de esta cuenta es devolverte.
        [   ]
        [   ]

CXXVII

Antaño no era límpido lo negro
o al menos no invocaba la belleza;
ahora el color negro es su heredero
y cubre a la belleza de vergüenza.
Y puesto que le es dado a cualquier mano
embellecer lo feo con barnices,
se queda la belleza sin santuario,
sin nombre, profanada, sola y triste.
Por eso los dos ojos de mi amada
son negros como cuervos que parecen
dolerse porque la belleza falsa
se impone sobre todo lo que crece,
    y es tan genuino el luto de esos ojos
    que encarnan la belleza para todos.

CXXX

Los ojos de mi amada no parecen
dos soles, ni sus labios son corales;
sus pechos pardos no son blanca nieve,
su pelo es negro y recio como alambre.
Si he visto rosas rojas, blancas, rosas,
ninguna rosa veo en sus mejillas,
y hay mil olores con mejor aroma
que el hálito de hiel que ella destila.
Me encanta oírla hablar, pero sé bien
que su rumor no es nada musical.
¿Cómo andará una diosa? No lo sé;
mi amada pisa el suelo al caminar.
   Y aun así mi amor es, por el cielo,
tan rara como las de falso arreo.

CXXXI

Tú puedes ser tirana tal cual eres,
como esas que, por bellas, son tiranas,
pues sabes que mi corazón ferviente
te tiene por la joya más preciada.
Algunos dicen de tu rostro, al verlo,
que nunca haría gemir de amor a nadie;
yo juro, estando a solas, que no es cierto
mas callo y no me atrevo a contestarles.
Sé que no juro en vano pues tu rostro
me arranca no un gemido sino miles,
y así van demostrando, uno tras otro,
que tu negrura me es irresistible.
    No hay nada negro en ti salvo tus actos
    y es justa la calumnia en ese caso.

CXXXIII

¡Maldigo el corazón que hace gemir
al mío, pues también hiere a mi amigo!
¿No basta con que me atormente a mí?
¿Ha de tener de esclavo a aquel que estimo?
Primero me enajena tu ojo cruel
y luego en mi otro ser quiere cebarse,
dejándome sin mí, sin ti, sin él,
con un dolor tres veces tres más grande.
Encierra en tu prisión mi corazón
y a cambio de esa fianza suelta el suyo;
ya no podrás tratarlo con rigor
si soy su celador y él, mi recluso.
    O tal vez sí, pues soy tu prisionero
    y es tuyo lo que es mío y llevo dentro.

CXXXIV

Ahora que he admitido que él es tuyo
y yo me he hipotecado a tu deseo,
renuncio a mi anticipo si a tu turno
me lo devuelves para mi consuelo.
Mas no lo harás, ni él va a querer ser libre
pues tú eres codiciosa y él, amable:
¡qué rápido aceptaste que él te firme
donde firmaba yo, para avalarme!
Pondrás una demanda con el acta
de la belleza que usas como usura
en contra del deudor que dio la cara
y pierdo por tratarlo en forma injusta.

    Lo pierdo a él y tú nos ganas a ambos;
    y aunque él lo pague todo, sigo atado.

CXXXV

Algunas tienen ansias; tú, a tu Will,
a Will aquí y a Will por acullá;
yo soy aquel que al acosarte a ti
añade a tu dulzura otro Will más.
¿Querrás, con ese Will tan espacioso,
dignarte a que en tu Will esconda el mío?
¿Resulta más gracioso Will en otros;
le cierran a mi triste Will caminos?
El mar es agua pura y aun así
la lluvia que recibe lo acrecienta;
si tú eres rica en Will, suma a tu Will
mi Will, para que así tu Will se crezca.
    No mates a los que te admiran sin
    dejarme vivo a mí, y a mí en tu Will.

CXXXVIII

Mi amor jura estar hecha de verdad
y, aun cuando sé que engaña, yo le creo,
que así ella me ve joven, virginal
y ajeno a sutilezas y camelos.
Si pienso que ella piensa que soy joven,
sabiendo que me sabe muy vivido,
es por dar crédito a su lengua innoble:
de la verdad, los dos nos deshicimos.
¿Por qué razón no dice que es injusta?
¿O yo que ya pasó mi primavera?
Amar es simular confianza mutua
y, en el amor maduro, no echar cuentas:
    por eso retozamos engañados,
    pues solo en el engaño está el halago.

CXXXIX

No me hagas declarar que tu crueldad
me hiere el corazón por causa justa;
la lengua, y no los ojos, has de usar
y si me matas, mata sin argucias.
Di que amas por doquier, mas en mi vista
renuncia a las miradas de soslayo;
¿acaso te hace falta ahondar mi herida
con tretas, si yo ya no doy abasto?
Mas deja que te excuse: mi amor sabe
que su mirada dulce es mi enemigo,
por eso mira a otros, para ahorrarme
el daño de sus dardos asesinos.

    No lo hagas, que ya estoy desfalleciente:
    mirándome, me alivias con la muerte.

CXLI

Doy fe de que no te amo con mis ojos
pues ellos ven en ti mil y una lacras;
no así mi corazón, que ignora todo
lo que ellos miran mal, y te idolatra.
Tu voz tampoco arrulla mis oídos
ni me estremecerás con tus mohínes,
ni tienen sed mi olfato o mi apetito
de disfrutar contigo de un convite.
Pero un corazón loco no hace caso
de sus cinco sentidos y saberes;
prefiere ser esclavo y ruin vasallo
del orgulloso corazón que tienes.
   Lo poco que he ganado es esta plaga:
   por ella peco y con dolor me paga.

CXLII

Amar es mi pecado y tu excelente
virtud, odiar mi amor pecaminoso;
quizá si lo comparas con mi suerte
verás que no merece tanto oprobio.
O tal vez sí, mas nunca de tus labios
que hasta su propia púrpura ofendieron,
que extienden, como yo, contratos falsos
y roban las ganancias de otros lechos.
Lo justo es que yo te ame como tú amas
a los que miras mientras mi ojo asedia,
y si en tu pecho la piedad arraiga
tal vez se apiaden de ella cuando crezca.
	Querer hacer lo que después encubres
	te expone a que tu ejemplo te repudie.

CXLIII

Ved cómo corre la patrona atenta
cuando uno de sus pollos se le va,
deja al bebé en el suelo y acelera
tras eso que quisiera conservar;
el niño se le aferra, desolado,
y llora al verla trajinar y a gatas
en pos del que se escapa sin reparo,
ajena a que su infante la reclama:
así vas tú tras el que se te evade
y yo, tu niño, tras de ti a lo lejos;
mas si lo atrapas, vuelve y haz de madre,
sé buena y comprensiva y dame besos.
    Podrás tener tu Will si, te lo imploro,
    te das la vuelta y calmas mis sollozos.

CXLIV

Pesar y alivio son mis dos amores
y entrambos, como espíritus, me incitan:
el ángel bueno es un esbelto joven;
el malo, una mujer de negras tintas.
La vil, por atraerme hasta el infierno,
buscó llevarse al ángel de mi lado
y hacer del santo un diablo y corromperlo,
tentando su pureza con descaro.
Si mi ángel es o no enemigo mío,
por más que lo sospeche, yo lo ignoro;
mas puedo imaginar que, al ser amigos,
en el infierno de uno pene el otro.
    Saldré de dudas cuando de las brasas
    del ángel malo salga el bueno en llamas.

CLI

Qué es la conciencia, amor lo ignora: es joven;
mas nace del amor, ¿quién no lo sabe?
No fuerces, pues, bribón, mis tropezones,
si de ellos no te place ser culpable;
al traicionarme tú, traiciono yo
a mi alma con mi cuerpo traicionero,
que aprueba que este triunfe en el amor.
La carne, sin dudarlo ni un momento,
se yergue ante tu nombre, satisfecha
del premio de su triunfo. Y, orgullosa,
está dispuesta a ser la pobre bestia
que cumple, lo da todo, va y se postra.
  No falto a mi conciencia si la llamo
  amor, pues por su amor asciendo y caigo.

Papel certificado por el Forest Stewardship Council®

Primera edición: junio de 2019
Tercera reimpresión: julio de 2023

Printed in Spain – Impreso en España

ISBN: 978-84-397-3608-0
Depósito legal: B-10.621-2019

Compuesto en La Nueva Edimac, S. L.
Impreso en Liber Digital, S. L.
Casarrubuelos (Madrid)

RH 3 6 0 8 B